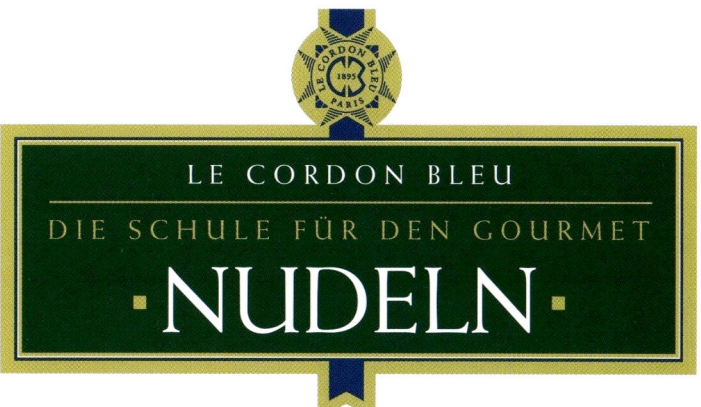

LE CORDON BLEU

DIE SCHULE FÜR DEN GOURMET

·NUDELN·

KÖNEMANN

Inhalt

Einfach   *Etwas aufwendiger*   *Anspruchsvoll*

Tortellini in Champignon-Sahne-Sauce

Frische Tortellini mit Fleisch-, Käse- oder Gemüsefüllung sind mittlerweile in den meisten Supermärkten erhältlich. So zaubern Sie dieses leckere Gericht in nur wenigen Minuten.

*Zubereitungszeit: **15 Minuten***
*Garzeit: **35 Minuten***
Für 4 Personen

40 g Butter
2 Schalotten, in dünne Ringe geschnitten
etwas Salz
500 g Champignons,
   in dünne Scheiben geschnitten
1 EL Zitronensaft
2 EL Portwein
500 ml Crème double
Salz und frisch gemahlener schwarzer Pfeffer,
   nach Geschmack
etwas Öl
500 g frische Tortellini

1 Die Butter bei schwacher Hitze in einer Pfanne zerlassen und die Schalotten mit einer Prise Salz 3–5 Minuten andünsten. Die Schalotten sollten sich nicht verfärben. Champignons im Zitronensaft wälzen, mit einer weiteren Prise Salz in die Pfanne geben und bei mittlerer Hitze 10–15 Minuten braten, bis die Champignons trocken sind und sämtliche Flüssigkeit verdampft ist. Portwein zugeben und 2–3 Minuten weiter braten, dabei darauf achten, daß die Mischung nicht anbrennt. Crème double einrühren und 5–10 Minuten köcheln lassen, bis die Sauce eindickt. Mit Salz und frisch gemahlenem schwarzem Pfeffer abschmecken.

2 Inzwischen Salzwasser in einem großen Topf zum Kochen bringen. Einen Schuß Öl zugeben und Tortellini gemäß den Angaben auf der Packung kochen. Gut abtropfen lassen und auf 4 vorgewärmte Teller verteilen. Sauce darüber geben und mit frisch gemahlenem schwarzem Pfeffer bestreut servieren.

Tip Soll die Pilzsauce etwas kräftiger werden, geben Sie einige eingeweichte Trockenpilze hinzu, z. B. Porcini- oder Shiitake-Pilze.

Fusilli mit Minze-Basilikum-Pesto

Italienischer Pesto wird traditionell mit Mörser und Stößel zubereitet. Das klassische Rezept wird hier um frische Minze bereichert.

Zubereitungszeit: **10 Minuten**
Garzeit: **10 Minuten**
Für 4 Personen

30 g frische Minze
30 g frisches Basilikum
3 EL Parmesan, frisch gerieben
2 Knoblauchzehen
30 g Pinienkerne
200 ml Olivenöl
100 g Parmesan, am Stück
etwas Öl
500 g Fusilli (Spiralnudeln)
einige Blätter frisches Basilikum, zum Garnieren

1 Für den Pesto Minze, Basilikum, geriebenen Parmesan, Knoblauch und Pinienkerne im Mixer oder in der Küchenmaschine mit der Hälfte des Öls zu einer glatten Paste verarbeiten. Bei laufendem Gerät restliches Öl zugießen. Mit einem Gemüseschäler dünne Scheiben vom Parmesanstück hobeln und beiseite stellen.
2 Salzwasser in einem großen Topf zum Kochen bringen. Einen Schuß Öl zugeben und die Fusilli gemäß den Angaben auf der Packung kochen. Gut abtropfen lassen und wieder in den Topf geben.
3 Ca. zwei Drittel des Pesto, nach Geschmack auch mehr, zur Pasta geben. 10 Sekunden erhitzen, möglichst nicht länger. Mit gehobeltem Parmesan und Basilikumblättern garniert servieren.

Tip Für den klassischen Pesto verwenden Sie nur Basilikum, ohne Minze. Die Sauce hält sich im Kühlschrank mit einem Ölfilm versehen bis zu 1 Woche.

Farfalle mit rotem Pesto

Die sonnengetrockneten Tomaten ersetzen in diesem Rezept das Basilikum des klassischen grünen Pesto.

Zubereitungszeit: **10 Minuten**
Garzeit: **15 Minuten**
Für 4–6 Personen

100 g sonnengetrocknete Tomaten in Öl
30 g Pinienkerne
2 Knoblauchzehen
35 g Parmesan, frisch gerieben
frisch gemahlener schwarzer Pfeffer, nach Geschmack
125 ml Olivenöl
etwas Salz
etwas Öl, zusätzlich
500 g Farfalle (Schleifennudeln)

1 Für den roten Pesto Tomaten abtropfen lassen und mit Pinienkernen und Knoblauch in eine beschichtete Pfanne geben. Bei schwacher Hitze unter ständigem Rühren 6 Minuten braten, bis die Pinienkerne goldbraun sind.
2 Tomaten, Pinienkerne und Knoblauch in den Mixer oder die Küchenmaschine geben und fein zerkleinern. Parmesan zugeben, 1 Minute verrühren und mit etwas frisch gemahlenem schwarzem Pfeffer abschmecken. Bei laufendem Gerät langsam Olivenöl zugießen.
3 Salzwasser in einem großen Topf zum Kochen bringen. Einen Schuß Öl zugeben und die Farfalle gemäß den Angaben auf der Packung kochen. Gut abtropfen lassen und mit dem roten Pesto verrühren.

Tip Nach Geschmack mit zusätzlichem Knoblauch, Sardellen oder Peperoni würzen.

Fusilli mit Minze-Basilikum-Pesto (oben) und
Farfalle mit rotem Pesto

Linguine mit Venusmuscheln

Linguine (»kleine Zungen«) sind lange Bandnudeln. Hier werden sie mit frischen Venusmuscheln in einer sahnigen Weißwein-Petersilien-Sauce serviert. Ein etwas aufwendigeres Rezept, das die Mühe aber lohnt.

Zubereitungszeit: 25 Minuten + 1 Stunde Einweichzeit
Garzeit: 50 Minuten
Für 4–6 Personen

2 kg Venusmuscheln
100 g Butter
1 große Zwiebel, feingehackt
1 große Selleriestange, in dünne Scheiben geschnitten
2 frische Thymianzweige
1 Lorbeerblatt
8 frische Petersilienzweige
8 Knoblauchzehen, gehackt
100 g Champignons, in Scheiben geschnitten
750 ml trockener Weißwein
500 g Linguine (lange Bandnudeln)
etwas Öl
2 EL Mehl
400 ml Crème double
4 EL frische glattblättrige Petersilie, gehackt
Salz und Pfeffer, nach Geschmack

1 Venusmuscheln waschen und 1 Stunde in kaltem Wasser einweichen lassen, dabei das Wasser mehrmals wechseln. Inzwischen 80 g Butter in einem großen Topf zerlassen. Zwiebel zugeben und bei schwacher Hitze 5 Minuten dünsten. Sellerie, Thymian, Lorbeerblatt, Petersilienzweige, Knoblauch, Champignons und Wein zugeben. Zum Kochen bringen und 5 Minuten köcheln lassen. Abgetropfte Muscheln hineingeben und 5–8 Minuten (große Muscheln 15–20 Minuten) abgedeckt ziehen lassen, bis sie sich öffnen. Muscheln mit einem Schöpflöffel herausnehmen. Alle Muscheln, die sich nicht geöffnet haben, wegwerfen. Beiseite stellen und abkühlen lassen. Die Hälfte der Muscheln aus den Schalen lösen, unter kaltem Wasser abspülen, abtropfen lassen und grob hacken. Sauce weitere 10 Minuten kochen lassen, dann durch ein mit einem Preßtuch ausgelegtes Sieb streichen. 400 ml Flüssigkeit abmessen.

2 Einen großen Topf mit Salzwasser zum Kochen bringen. Einen Schuß Öl hineingeben und die Linguine gemäß den Angaben auf der Packung kochen. Gut abtropfen lassen, mit etwas Öl verrühren und warm halten.

3 Restliche Butter auf mittlerer Stufe in einem Topf zerlassen. Mehl einrühren und 2 Minuten köcheln lassen. Vom Herd nehmen und die abgenommene Kochflüssigkeit langsam zugeben. Auf untere Stufe herunterschalten und die Mischung 5 Minuten köcheln lassen. Crème double unterrühren und weitere 5 Minuten ziehen lassen. Alles mit den gehackten Muscheln, der Petersilie und etwas Salz und Pfeffer zur Sauce geben. 30 Sekunden aufkochen lassen und mit den Linguine servieren.

Nudelsalat mit Spinat

*Roquefort, Speck, Walnüsse und grüne Tagliatelle –
zusammen eine unwiderstehliche Kombination.*

Zubereitungszeit: **20 Minuten**
Garzeit: **10 Minuten**
Für 4 Personen

PASTA
200 g Mehl
1/2 TL Salz
1 EL Olivenöl
2 Eier, leicht verquirlt
**2 EL Tiefkühlspinat, aufgetaut, trockengepreßt und
   sehr fein gehackt**

VINAIGRETTE
1 Schalotte, feingehackt
1 Knoblauchzehe, feingehackt
2 1/2 EL Weißweinessig
120 ml Walnußöl
Salz und Pfeffer, nach Geschmack
etwas Öl
100 g Roquefort, gewürfelt
1 kleine rote Zwiebel, in dünne Ringe geschnitten
4 Scheiben Schinkenspeck, gebraten und grob zerteilt
50 g Walnüsse, im Schinkenspeck-Fett gebräunt
1 EL frische Petersilie, gehackt

1 Die Pasta nach den Anweisungen auf S. 62 zubereiten. Den Spinat dabei zusammen mit den Eiern zugeben. Nudelteig in 2 Portionen in der Nudelmaschine
(feinste Einstellung) ausrollen und mit der Maschine zu
6 mm breiten Tagliatelle (s. S. 63) verarbeiten.
2 Für die Vinaigrette Schalotte, Knoblauch, Essig, Öl,
Salz und Pfeffer vermengen und gut verrühren.
3 Einen großen Topf mit Salzwasser zum Kochen bringen. Einen Schuß Öl zugeben und die Tagliatelle
2–3 Minuten *al dente* kochen. Abtropfen lassen, unter
kaltem Wasser abspülen und erneut abtropfen lassen.
4 Nudeln und Vinaigrette in einer Schüssel vermischen.
Restliche Zutaten zufügen und alles gut vermengen.

Cannelloni

Diese großen Röhrennudeln mit saftiger Fleischfüllung werden mit einer Käse-Sahne-Sauce goldbraun überbacken. Mit grünem Salat serviert, sind sie eine köstliche Mahlzeit.

Zubereitungszeit: **50 Minuten**
Back- und Garzeit: **55 Minuten**
Für 4 Personen

30 g Semmelbrösel
I EL Milch
20 g Butter
I Zwiebel, feingehackt
100 g Schweinefilet oder
  magere Schweineschulter
160 g Hähnchenbrustfilet
4 EL Sahne
3 EL frische Petersilie, gehackt
30 g Parmesan, frisch gerieben
I Eiweiß, leicht verquirlt
30 g Prosciutto, gewürfelt
Salz und Pfeffer, nach Geschmack
Oregano, gehackt, nach Geschmack
12 Cannelloni (große Röhrennudeln)

SAUCE
60 g Butter
40 g Mehl
500 ml Milch

70 g Gruyère, gerieben

1 Backofen auf 180 °C vorheizen. Semmelbrösel in der Milch einweichen. Butter in einer kleinen Pfanne erhitzen, Zwiebel zugeben und darin glasig dünsten. Schweine- und Hähnchenfleisch im Mixer oder mit dem Fleischwolf zerkleinern und in eine Schüssel geben. Eingeweichte Semmelbrösel, Sahne, Petersilie, Parmesan und so viel Eiweiß zufügen, daß die Mischung bindet. Prosciutto und gedünstete Zwiebel zugeben. Nach Geschmack mit Salz, Pfeffer und Oregano würzen.

2 Die Fleischmischung in einen Spritzbeutel mit großer Lochtülle geben. Cannelloni damit füllen.

3 Für die Sauce 40 g Butter auf mittlerer Stufe in einem Topf zerlassen. Mehl zugeben und 3 Minuten verrühren. Vom Herd nehmen und Milch langsam zugießen. Erneut erhitzen und unter Rühren kochen lassen, bis die Mischung eindickt. Käse einrühren, bis er schmilzt, dann die restliche Butter zugeben. Den Boden einer hohen Auflaufform (ca. 20 x 30 cm) mit einer dünnen Schicht Sauce bedecken und gefüllte Cannelloni darauf geben. Restliche Sauce darüber verteilen und 25 Minuten abgedeckt backen. Deckel abnehmen und weitere 15–20 Minuten backen.

Tip Statt das Fleisch selbst zu zerkleinern, können Sie auch fertig vorbereitetes Schweinehack verwenden.

Pasta Primavera

Mit diesem Pasta-Gericht mit frischem Frühlingsgemüse, Petersilie und Minze
läßt sich der Frühlingsanfang gebührend feiern.

Zubereitungszeit: **40 Minuten**
Garzeit: **35 Minuten**
Für 4 Personen

500 ml Gemüsebrühe
12 Frühlingszwiebeln, in 5 cm lange
  Stücke geschnitten
12 Silberzwiebeln
30 g Saubohnen
12 Spargelspitzen, in 5 cm lange
  Stücke geschnitten
12 junge Karotten, in 5 cm lange
  Stücke geschnitten
100 g junge Erbsen
etwas Öl
500 g frische Spaghetti
3 Eigelb
200 ml Crème double
30 g Butter
50 g Parmesan, frisch gerieben
2 EL frische glattblättrige Petersilie, gehackt
1 EL frische Minze, gehackt
Salz und Pfeffer, nach Geschmack
etwas frisch geriebener Parmesan, zum Garnieren

1 Gemüsebrühe in einem Topf zum Kochen bringen. Gemüse darin portionsweise *al dente* kochen. Gemüse mit einem Schöpflöffel aus der Brühe nehmen, in kaltes Wasser legen und beiseite stellen. Brühe warm halten.

2 Einen großen Topf mit Salzwasser zum Kochen bringen. Einen Schuß Öl zugeben und die Spaghetti 2–3 Minuten *al dente* kochen. Gut abtropfen lassen und warm halten.

3 Einen großen Topf mit Wasser zum Kochen bringen und vom Herd nehmen. Eine große Schüssel darüber stellen, sp daß der Boden der Schüssel das Wasser nicht berührt. Die Eigelbe und 2$1/2$ EL der beiseite gestellten Brühe in die Schüssel geben. Verrühren, bis die Mischung leicht eindickt. Crème double, Butter und Parmesan zu weiteren 200 ml der Brühe geben und langsam in die Eigelbmischung einrühren. Die Sauce sollte sehr dünnflüssig sein. Abgetropftes Gemüse in die Sauce geben und erwärmen.

4 Spaghetti in die Sauce geben und mit Petersilie und Minze darin verrühren, bis alles gut erhitzt ist. Nach Geschmack mit Salz und Pfeffer würzen und mit Parmesan bestreut in angewärmten Suppentellern servieren.

Tip Das Gericht kann auch mit Fertig-Spaghetti zubereitet werden.

Italienische Fleischklößchen

Diese pikanten Fleischklößchen werden in Tomatensauce gekocht und mit Spaghetti serviert. Man kann sie nach Belieben aus Rinderhack oder aus einer Mischung aus Rinder- und Schweinehack zubereiten.

Zubereitungszeit: **50 Minuten**
Garzeit: **1 Stunde 25 Minuten**
Für 4 Personen

4 EL Olivenöl
1 Zwiebel, feingehackt
2 Knoblauchzehen, feingehackt
$1/4$ TL frischer Oregano, gehackt
500 g Rinder- oder gemischtes Hack
Salz und Pfeffer, nach Geschmack
1 Ei, leicht verquirlt
etwas Öl
500 g Spaghetti
frisch geriebener Parmesan,
**   zum Servieren**

SAUCE
2 EL Olivenöl
1 große Zwiebel, feingehackt
4 Dosen (à 425 g) abgezogene italienische
**   Tomaten, püriert, mit Flüssigkeit**
5 Knoblauchzehen, feingehackt
1 Lorbeerblatt
2 frische Thymianzweige
Salz und Pfeffer, nach Geschmack

1 Die Hälfte des Öls auf mittlerer Stufe erhitzen und die Zwiebel 5 Minuten darin dünsten. Vom Herd nehmen und Knoblauch und Oregano zugeben. Gut verrühren. Überschüssiges Öl abgießen und zum Abkühlen beiseite stellen. Dann gut mit dem Fleisch vermengen. Mit Salz und Pfeffer würzen und so viel verquirltes Ei dazugeben, daß die Mischung bindet.

2 Fleischmasse in 8 Portionen aufteilen und zu glatten Klößchen rollen. Restliches Olivenöl in einer Pfanne erhitzen und die Fleischklößchen darin gleichmäßig bräunen. Auf einem mit Küchenpapier ausgelegtem Teller abtropfen lassen.

3 Für die Sauce Olivenöl erhitzen und Zwiebel darin 5 Minuten dünsten. Tomaten, Knoblauch, Lorbeerblatt, Thymian und die Fleischklößchen zugeben und auf unterer Stufe abgedeckt 20 Minuten köcheln lassen. Deckel abnehmen und weitere 30–40 Minuten köcheln lassen, dabei mehrmals abschöpfen. Lorbeerblatt und Thymian herausnehmen und mit Salz und Pfeffer abschmecken.

4 Einen großen Topf mit Salzwasser zum Kochen bringen. Einen Schuß Öl hineingeben und die Spaghetti gemäß den Angaben auf der Packung kochen.

5 Pasta gut abtropfen lassen und auf eine Servierplatte oder auf Servierteller geben. Sauce und Fleischklößchen darüber verteilen und mit Parmesan servieren.

Spaghetti Bolognese

Die für das norditalienische Bologna charakteristischen Spaghetti Bolognese kennt und liebt man in der ganzen Welt.

*Zubereitungszeit: **50 Minuten***
*Garzeit: **1 Stunde 10 Minuten***
Für 6–8 Personen

125 ml Olivenöl
I kg Rinderhack
Salz und Pfeffer, nach Geschmack
I große Zwiebel, feingehackt
2 EL Tomatenmark
4 EL Rotwein
8 Knoblauchzehen, feingehackt
2¹/₂ kg frische Tomaten, abgezogen, entkernt und in der Küchenmaschine püriert
4 frische Thymianzweige
I Lorbeerblatt
etwas Öl
750 g Spaghetti
frisch geriebener Parmesan, zum Garnieren

1 Die Hälfte des Öls in einem großen Topf stark erhitzen. Hackfleisch zugeben, mit Salz und Pfeffer würzen und 10 Minuten bräunen, bis die Fleischsäfte verdampft sind. Fett abgießen und das Fleisch beiseite stellen. Restliches Öl erhitzen, Zwiebel hineingeben und 5 Minuten darin dünsten. Tomatenmark zugeben und 1–2 Minuten köcheln lassen. Wein zugießen und weitere 5 Minuten köcheln lassen. Fleisch wieder in den Topf geben, Knoblauch, Tomaten, Thymian und Lorbeerblatt zugeben und ca. 45 Minuten ziehen lassen. Thymian und Lorbeerblatt herausnehmen.
2 Inzwischen einen großen Topf mit Salzwasser zum Kochen bringen. Einen Schuß Öl zugeben und die Spaghetti gemäß den Angaben auf der Packung kochen. Gut abtropfen lassen und auf Servierteller geben. Sauce darüber schöpfen und mit Parmesan bestreut servieren.

Fettuccine Alfredo

Ein köstlich sahniges Gericht, das kaum Aufwand erfordert. Verwenden Sie möglichst frisch geriebenen Parmesan.

*Zubereitungszeit: **5 Minuten***
*Garzeit: **15 Minuten***
Für 4 Personen

400 ml Crème double
200 g Parmesan, frisch gerieben
3 EL frische glattblättrige Petersilie, gehackt
Salz und frisch gemahlener schwarzer Pfeffer, nach Geschmack
etwas Öl
500 g Fettuccine (Bandnudeln)
frisch geriebener Parmesan, zum Servieren

1 Crème double in eine gußeiserne Pfanne geben und zum Kochen bringen. Parmesan langsam einrühren. Petersilie, Salz und frisch gemahlenen schwarzen Pfeffer zugeben und alles gut verrühren.
2 Inzwischen einen großen Topf mit Salzwasser zum Kochen bringen. Einen Schuß Öl hineingeben und die Fettuccine gemäß den Angaben auf der Packung kochen. Gut abtropfen lassen und mit der Sahnesauce vermengen. Mit frisch geriebenem Parmesan servieren.

Spaghetti Bolognese (oben) und Fettuccine Alfredo

Ravioli mit Ziegenkäse und Fenchelpüree

*Für dieses raffinierte Gourmet-Gericht sind ein wenig Mühe
und Geduld erforderlich.*

Zubereitungszeit: 1 Stunde + 15 Minuten Gefrierzeit
Garzeit: 1 Stunde
Für 4 Personen

PASTA
100 g Mehl
1 Prise Salz
2 TL Olivenöl
1 Ei, leicht verquirlt
200 g Ziegenkäse, in 18–20 Scheiben geschnitten
1 Ei, leicht verquirlt
etwas Öl

FENCHELPÜREE
375 g Fenchel, in Scheiben geschnitten
1 Schalotte, in Ringe geschnitten
225 ml Hühnerbrühe
1 frischer Thymianzweig
1 Lorbeerblatt

TOMATENSAUCE
etwas Öl
1 Schalotte, feingehackt
2 Knoblauchzehen, feingehackt
4 Tomaten, abgezogen, entkernt und geviertelt
1 frischer Thymianzweig
1 Prise Zucker
Salz und Pfeffer, nach Geschmack

BUTTERSAUCE
1 EL Butter
1 Schalotte, gehackt
4 EL Weißwein
1 frischer Thymianzweig
1/2 Lorbeerblatt
2 1/2 EL Sahne
125 g Butter, gekühlt und gewürfelt
1 TL Zitronensaft

1 Die Pasta nach den Anweisungen auf S. 62 zubereiten. Den Nudelteig in 2 Portionen in der Nudelmaschine (feinste Einstellung) ausrollen, so daß zwei mindestens 16 cm breite Stücke entstehen.

2 Ziegenkäse auf eine Teigplatte geben, dabei sowohl zwischen den einzelnen Scheiben als auch zum Teigrand hin 4 cm Abstand lassen. Pasta um den Käse herum mit Ei bestreichen. Das zweite Stück Nudelteig darüber legen und fest über jedem Käsestück andrücken. Mit einem Teigrädchen 6–8 cm große Ravioli ausschneiden. Nebeneinander zwischen zwei Blätter Backpapier legen und 15 Minuten tiefgefrieren (s. S. 63).

3 Für das Fenchelpüree den Fenchel mit der Schalotte in einigen EL Hühnerbrühe abgedeckt 10 Minuten kochen lassen. Kräuter und restliche Brühe zugeben, abdecken und 15 Minuten köcheln lassen. Überschüssige Flüssigkeit abgießen, Kräuter wegwerfen und Fenchel und Schalotte in der Küchenmaschine pürieren.

4 Für die Tomatensauce das Öl in einem Topf erhitzen, alle Zutaten zugeben und mit Salz und Pfeffer abschmecken. Unter gelegentlichem Rühren 10 Minuten kochen lassen, bis die Sauce eindickt.

5 Für die Buttersauce Butter in einem Topf erhitzen, Schalotte zugeben und 3 Minuten darin dünsten. Wein und Kräuter hineingeben und 5 Minuten köcheln lassen, bis sich die Flüssigkeit um die Hälfte reduziert hat. Sahne zugießen, auf mittlerer Stufe zum Sieden bringen und auf untere Stufe herunterschalten. Butter langsam einrühren, ohne daß die Sauce zu kochen beginnt. Zitronensaft einrühren, abdecken und warm stellen.

6 Einen großen Topf mit Salzwasser zum Kochen bringen. Einen Schuß Öl hineingeben und die Ravioli 3–4 Minuten *al dente* kochen. Gut abtropfen lassen. Vor dem Servieren das Fenchelpüree in eßlöffelgroßen Portionen auf 4 Servierteller verteilen, einige Ravioli darauf geben, mit Buttersauce übergießen und ein wenig Tomatensauce um den Rand herum arrangieren.

Pasta al Pomodoro

Pomodoro, der italienische Begriff für Tomaten, bezeichnet die Hauptzutat in diesem Rezept. Da Sie nicht auf frische Tomaten angewiesen sind, können Sie dieses traditionelle Gericht das ganze Jahr über genießen.

Zubereitungszeit: 20 Minuten
Garzeit: 1 Stunde 15 Minuten
Für 4–6 Personen

15 g frisches Basilikum
2 frische Thymianzweige
1 Lorbeerblatt
2 EL Olivenöl
1 große Zwiebel, feingehackt
2 Dosen (à 425 g) italienische abgezogene
Tomaten, püriert, mit Flüssigkeit
5 Knoblauchzehen, feingehackt
Salz und Pfeffer, nach Geschmack
etwas Öl
500 g Rigatoni (gerillte Röhrennudeln)
frisch geriebener Parmesan,
zum Garnieren

1 Basilikumblätter von den Stielen zupfen. Die Stiele für die Sauce aufbewahren und mit Thymianzweigen und Lorbeerblatt zusammenbinden.

2 Olivenöl in einem großen Topf erhitzen und die Zwiebel darin 5 Minuten dünsten. Tomaten, Knoblauch und das Kräuterbündel zugeben. Zum Kochen bringen, Hitze reduzieren und abgedeckt 40 Minuten köcheln lassen. Deckel abnehmen und weitere 20 Minuten unter gelegentlichem Rühren köcheln lassen. Nach Geschmack mit Salz und Pfeffer würzen.

3 Einen großen Topf mit Salzwasser zum Kochen bringen. Einen Schuß Öl hineingeben und die Rigatoni gemäß den Angaben auf der Packung kochen. Gut abtropfen lassen, mit ein wenig Olivenöl beträufeln und warm halten.

4 Wenn die Sauce fertig ist, das Kräuterbündel herausnehmen und wegwerfen. Basilikumblätter fein hacken und in die Sauce rühren. Nicht wieder aufkochen lassen.

5 Sauce mit den gekochten Nudeln vermengen und mit Parmesan bestreut servieren.

Tip Wenn Tomaten Saison haben, läßt sich dieses Gericht natürlich auch mit frischen Tomaten zubereiten. Verwenden Sie aber keine Winter-Tomaten, da es ihnen an Farbe und Geschmack fehlt. Nehmen Sie ca. 850 g frische Tomaten, ziehen Sie sie ab und entfernen Sie die Kerne. Evtl. ist es ratsam, einen EL Tomatenmark für eine schönere Färbung und einen intensiveren Geschmack zuzugeben. Tomatenmark einrühren und 1–2 Minuten köcheln lassen, bevor die anderen Zutaten zugegeben werden.

Pasta Marinara

*Für dieses Rezept eignen sich praktisch
alle Meeresfrüchte.*

Zubereitungszeit: **20 Minuten**
Garzeit: **1 Stunde 40 Minuten**
Für 4–6 Personen

2 frische Thymianzweige
2 frische Petersilienzweige
I Lorbeerblatt
125 ml Olivenöl
I große Zwiebel, feingehackt
125 ml Weißwein
**3 Dosen (à 425 g) abgezogene italienische Tomaten, in
   der Küchenmaschine püriert, mit Flüssigkeit**
5 Knoblauchzehen, feingehackt
8–10 kleine Miesmuscheln, gründlich gesäubert
250 g Kammuscheln, ohne Darm, gesäubert, getrocknet
500 g Kalmarmäntel, in Ringe geschnitten
500 g mittelgroße Garnelen, gekocht und ohne Schale
3 EL frische glattblättrige Petersilie, gehackt
etwas Öl
500 g Spaghetti
Salz und Pfeffer, nach Geschmack

1 Kräuter mit dem Lorbeerblatt zusammenbinden.
Zwei Drittel des Öls in einem Topf erhitzen und die
Zwiebel 5 Minuten dünsten. Weißwein zugeben und
köcheln lassen, bis die Menge deutlich reduziert ist. Mit
Tomaten, Knoblauch und Kräuterbündel 20 Minuten
abgedeckt köcheln lassen. Weitere 40 Minuten offen köcheln lassen. Miesmuscheln zugeben und 5 Minuten ziehen
lassen. Muscheln, die sich nicht geöffnet haben, wegwerfen.
2 Restliches Öl erhitzen. Kammuscheln und Kalmarmäntel 1 Minute anbraten. Mit den Garnelen zur Sauce
geben. Kräuter herausnehmen und Petersilie einrühren.
3 Einen Topf mit Salzwasser zum Kochen bringen.
Einen Schuß Öl hineingeben und Spaghetti gemäß den
Angaben auf der Packung kochen. Sauce mit Salz und
Pfeffer abschmecken und über die Spaghetti geben.

Klassische Lasagne

Natürlich kann dieser Klassiker unter den italienischen Gerichten mit fertigen Lasagneblättern zubereitet werden, doch das besondere Geschmackserlebnis hausgemachter Pasta lohnt die Mühe ganz gewiß.

*Zubereitungszeit: **1 Stunde + 20 Minuten Ruhezeit***
*Back- und Garzeit: **2 Stunden 15 Minuten***
*Für **10–12 Personen***

etwas Olivenöl
1 kg Rinderhack
1 große Zwiebel, feingehackt
3 EL Tomatenmark
125 ml Rotwein
8 Knoblauchzehen, feingehackt
4 Dosen (à 425 g) italienische Tomaten, abgezogen, in der Küchenmaschine püriert, mit Flüssigkeit
4 frische Thymianzweige
1 Lorbeerblatt
etwas Öl, zusätzlich
650 g Ricotta
100 ml Crème double
4 Eier
Salz und Pfeffer, nach Geschmack
400 g Mozzarella, in dünne Scheiben geschnitten
50 g Parmesan, frisch gerieben

PASTA
400 g Mehl
1 TL Salz
2 EL ml Olivenöl
4 Eier, leicht verquirlt

1 2 EL Olivenöl in einer Pfanne erhitzen, Hackfleisch zugeben und ca. 10 Minuten bräunen. Fett abgießen und das Fleisch beiseite stellen. Herunterschalten, etwas Öl zugeben und die Zwiebel 5 Minuten darin dünsten. Tomatenmark zugeben und 1–2 Minuten erhitzen, dann Wein, Knoblauch, Tomaten, Kräuter und Hackfleisch zugeben und ca. 1 Stunde köcheln lassen.

2 Pasta nach den Anweisungen auf S. 62 zubereiten. Nudelteig in 4 Portionen in der Nudelmaschine 1–2 mm dick ausrollen. In 4 Rechtecke (10 x 12 cm) schneiden.

3 Einen großen Topf mit Salzwasser zum Kochen bringen. Einen Schuß Öl hineingeben und die Lasagneblätter portionsweise 2–3 Minuten *al dente* kochen. In eine Schüssel mit kaltem Wasser legen, abtropfen lassen und zwischen saubere Geschirrtücher schichten.

4 Ricotta in einem Küchensieb abtropfen lassen, dann mit Crème double und Eiern in einer Schüssel vermischen. Mit Salz und Pfeffer abschmecken und abgedeckt beiseite stellen. Backofen auf 190 °C vorheizen.

5 200 g Hackfleischmischung in eine große Auflaufform (3½ Liter Fassungsvermögen) geben. Ein Lasagneblatt darüber legen, dann ein Drittel der Ricotta-Mischung darauf verstreichen. Vorgang zweimal wiederholen und mit einer Lage Fleisch abschließen. Den Parmesan darüber verteilen. 45 Minuten goldbraun backen. 20 Minuten ruhen lassen.

Safran-Nudeln mit getrockneten Tomaten und grünen Saubohnen

Die hellgelbe Pasta wird mit dem tiefroten Tomaten und grünen Saubohnen zu einem ebenso bunten wie köstlichem Gericht kombiniert. Für die Mischung können Sie Frischkäse oder italienischen Ricotta verwenden.

Zubereitungszeit: 1 Stunde + 15 Minuten Einweichzeit
Back- und Garzeit: 1 Stunde 40 Minuten
Für 6 Personen als Vorspeise

PASTA
1 Messerspitze Safranfäden
1 1/2 EL heißes Wasser
300 g Mehl
1 TL Salz
2 EL Olivenöl
3 Eier, leicht verquirlt

250 g Kirschtomaten
2–3 frische Thymianzweige
etwas Salz
400 g Saubohnen
etwas Öl
4 EL Olivenöl, zusätzlich
2 Knoblauchzehen, zerdrückt
60 g Frischkäse oder Ricotta
200 ml Gemüse- oder Hühnerbrühe
60 g Parmesan, frisch gerieben
Salz und Pfeffer, nach Geschmack

1 Backofen auf 150 °C vorheizen. Safran 15 Minuten im heißen Wasser einweichen.

2 Pasta nach den Anweisungen auf S. 62 zubereiten, dabei die Safranfäden samt Flüssigkeit zusammen mit den Eiern zugeben. Nudelteig in 4 Portionen in der Nudelmaschine (feinste Einstellung) ausrollen und mit der Maschine ca. 6 mm breite Bandnudeln (Tagliatelle) herstellen (s. S. 63).

3 Kirschtomaten waagerecht halbieren und auf ein Backblech legen. Mit Thymianblättern und etwas Salz bestreuen und ca. 1 Stunde 30 Minuten backen. Aus dem Ofen nehmen und abkühlen lassen.

4 Bohnen in einen Topf mit kochendem Wasser geben und ca. 6 Minuten weich kochen. Abtropfen und abkühlen lassen. Bohnen sorgfältig von ihrer Haut befreien.

5 Einen großen Topf mit Salzwasser zum Kochen bringen. Einen Schuß Öl hineingeben und die Tagliatelle 2–3 Minuten *al dente* kochen. Gut abtropfen lassen.

6 Die Hälfte des Öls in einer Pfanne erhitzen und den Knoblauch darin leicht bräunen. Frischkäse oder Ricotta und Brühe in der Küchenmaschine verrühren, Knoblauch zugeben und alles glattrühren. Mischung wieder in die Pfanne geben und erhitzen. Die Hälfte der Tomaten, die Bohnen, den Parmesan, das verbleibende Olivenöl und die Tagliatelle zufügen, alles vermengen und nach Geschmack mit Salz und Pfeffer würzen. Restliche Tomaten darüber verteilen und servieren.

Kürbis-Ravioli mit Kräuterbutter

Für selbstgemachte Ravioli muß der Nudelteig so dünn wie möglich ausgerollt werden,
ohne daß er bei der weiteren Verarbeitung reißt.

*Zubereitungszeit: **1 Stunde 30 Minuten***
*Back- und Garzeit: **1 Stunde 20 Minuten***
Für 6–8 Personen

400 g Kürbis
1¹/₂ EL Olivenöl
75 g Parmaschinken, feingehackt
50 g Parmesan, frisch gerieben
2 EL frisches Basilikum, gehackt
3 EL frischer Salbei, gehackt
1 Eigelb
1¹/₂ EL Crème double
1 Prise Muskat
Salz und Pfeffer, nach Geschmack
etwas Öl

PASTA
400 g Mehl
1 TL Salz
2 EL Olivenöl
4 Eier, leicht verquirlt

KRÄUTERBUTTER
160 g Butter oder Olivenöl
6 Knoblauchzehen, halbiert
30 g frisches Basilikum

1 Backofen auf 190 °C vorheizen. Kürbis auf ein leicht eingefettetes Backblech legen und mit Olivenöl bestreichen. Ca. 1 Stunde backen, bis der Kürbis auf Druck leicht nachgibt. Beiseite stellen.

2 Die Pasta nach den Anweisungen auf S. 62 zubereiten. Nudelteig in 4 Portionen in der Nudelmaschine (feinste Einstellung) ausrollen. Die Nudelteigplatten sollten mindestens 16 cm breit sein. In Querrichtung in 12 cm breite Streifen schneiden.

3 Wenn der Kürbis abgekühlt ist, Fruchtfleisch auskratzen und in einer Schüssel zerdrücken. Parmaschinken, Parmesan, Basilikum, Salbei, Eigelb und Crème double einrühren. Mit Muskat, Salz und Pfeffer abschmecken.

4 Kürbismischung teelöffelweise mit 6 cm Abstand auf die Pastastreifen setzen. Um die Kürbishäufchen herum leicht mit Wasser befeuchten. Eine zweite Pastaschicht darüber legen und um den Kürbis herum fest andrücken. Mit einem Keksförmchen oder Teigrädchen 6 cm große Ravioli ausschneiden. Nebeneinander zwischen Backpapierblätter legen und bis zur weiteren Verwendung kalt stellen (s. S. 63).

5 Einen großen Topf mit Salzwasser zum Kochen bringen. Einen Schuß Öl hineingeben und die Ravioli portionsweise 5–6 Minuten *al dente* kochen. Gut abtropfen lassen.

6 Für die Kräuterbutter das Fett auf mittlerer Stufe zerlassen, dann den Knoblauch zugeben und einige Minuten ziehen lassen. Je länger der Knoblauch in der Pfanne bleibt, desto intensiver schmeckt die Sauce danach. Achten Sie aber darauf, daß die Zehen nicht braun werden. Topf vom Herd nehmen und den Knoblauch mit einem Schöpflöffel herausnehmen. Basilikum zerkleinern und in die Sauce einstreuen.

7 Ravioli mit der Kräuterbutter vermengen, erneut erhitzen und auf vorgewärmten Tellern servieren.

Tip Als besondere Garnierung können Sie einige Kürbiskerne goldbraun rösten, leicht salzen und um die Ravioli herum arrangieren.

Parmesan-Gruyère-Pasta

Ein unkompliziertes Gericht, das Sie wahlweise mit trockener oder frischer Pasta zubereiten können. Schmeckt auch als Beilage zu Grillfleisch.

Zubereitungszeit: **20 Minuten**
Garzeit: **25 Minuten**
Für 4 Personen

PASTA
400 g Mehl
1 TL Salz
2 EL Olivenöl
4 Eier, leicht verquirlt

etwas Öl
3 EL Olivenöl, zusätzlich
etwas Salz und Pfeffer
40 g Gruyère, frisch gerieben
100 g Parmesan, frisch gerieben
etwas Parmesan am Stück, zum Abhobeln der Garnierung
frisch gemahlener schwarzer Pfeffer, nach Geschmack

1 Die Pasta nach den Anweisungen auf S. 62 zubereiten. Nudelteig in vier Portionen mit der Nudelmaschine (feinste Einstellung) ausrollen. Anschließend mit der Maschine ca. 6 mm breite Bandnudeln (Tagliatelle) herstellen (s. S. 63).
2 Einen großen Topf mit Salzwasser zum Kochen bringen. Einen Schuß Öl hineingeben und die Tagliatelle 2–3 Minuten *al dente* kochen.
3 Pasta gut abtropfen lassen, in eine große Schüssel geben und das Olivenöl zugießen. Mit Salz und Pfeffer abschmecken und mit Gruyère und geriebenem Parmesan vermengen. In eine Servierschüssel geben. Mit abgehobelten Parmesanspänen garnieren und mit frisch gemahlenem schwarzem Pfeffer bestreuen.

Tip Die Parmesanspäne lassen sich leicht mit einem Gemüseschäler abhobeln.

Spaghetti Carbonara

Die Spaghetti müssen gut abgetropft und sehr heiß sein, wenn man sie zur Sauce gibt, da das Eigelb durch die Hitze, die sie abgeben, gegart werden soll.

Zubereitungszeit: **10 Minuten**
Garzeit: **20 Minuten**
Für 4–6 Personen

4 EL Öl
250 g Schinkenspeck, in ca. 1 cm dicke Würfel geschnitten
etwas Öl, zusätzlich
500 g Spaghetti
8 Eigelb
frisch gemahlener schwarzer Pfeffer, nach Geschmack
3 EL kochendes Wasser
100 g Parmesan, frisch gerieben
2 EL frische Petersilie, gehackt

1 Öl in einer Pfanne erhitzen und Schinkenspeck zugeben. 5–10 Minuten knusprig anbraten. Abtropfen lassen und auf Küchenpapier ausbreiten. Beiseite stellen.
2 Einen großen Topf mit Salzwasser zum Kochen bringen. Einen Schuß Öl hineingeben und Spaghetti gemäß den Angaben auf der Packung kochen.
3 Kurz vor Ende der Garzeit Eigelbe in einer großen Schüssel verquirlen und mit frisch gemahlenem schwarzem Pfeffer abschmecken. Kochendes Wasser und Parmesan einrühren. Spaghetti gut abtropfen lassen und die heiße Pasta mit der Ei-Käse-Mischung vermengen. Schinkenspeck zugeben und sofort mit Petersilie garniert servieren.

Parmesan-Gruyère-Pasta (oben) und
Spaghetti Carbonara

Riesenmuschelnudeln mit Ricotta-Füllung

Die lange Backzeit dieses Gerichts sollte Sie nicht abschrecken: Die Tomatensauce
und die gefüllten Riesenmuschelnudeln garen im Backofen,
ohne Ihre Aufmerksamkeit zu beanspruchen.

*Zubereitungszeit: **1 Stunde***
*Back- und Garzeit: **2 Stunden 30 Minuten***
Für 4 Personen

40 g Butter
60 g Schinkenspeck, in Scheiben geschnitten
1 kleine Zwiebel, gehackt
1 kleine Karotte, gehackt
2 EL Tomatenmark
1 EL Mehl
500 g Tomaten, abgezogen, entkernt und gehackt
1 Bouquet garni (s. Tip)
4 Knoblauchzehen, gehackt
500 ml Hühnerbrühe oder Wasser
etwas Öl
32–40 Riesenmuschelnudeln
etwas Olivenöl, zum Beträufeln
500 g Ricotta
25 g Parmesan, frisch gerieben
2 Eier
1 EL frische Petersilie, gehackt
1 EL frisches Basilikum, gehackt
1/4 TL Muskat, gemahlen
etwas Salz und Pfeffer
250 g frischer Mozzarella, in Scheiben geschnitten
   oder gerieben

1 Backofen auf 180 °C vorheizen. Für die Tomatensauce die Butter bei mittlerer Hitze in einem großen feuerfesten Topf bei aufgelegtem Deckel zerlassen. Schinkenspeck zugeben und goldbraun braten. Zwiebel und Karotte zugeben und 3 Minuten köcheln lassen. Tomatenmark einrühren und weitere 2 Minuten köcheln lassen. Mit dem Mehl bestreuen und 5 Minuten backen. Aus dem Ofen nehmen und gut verrühren, bis das Mehl bindet. Tomaten, Bouquet garni und Knoblauch zufügen. Unter Rühren 5 Minuten kochen lassen. Hühnerbrühe oder Wasser zugießen, erneut zum Kochen bringen und 2 Minuten unter Rühren köcheln lassen. Abgedeckt 1 Stunde backen.

2 Einen großen Topf mit Salzwasser zum Kochen bringen. Einen Schuß Öl hineingeben und die Riesenmuschelnudeln gemäß den Angaben auf der Packung kochen. Abtropfen lassen und mit ein wenig Olivenöl beträufeln. Auf einem sauberen, angefeuchteten Geschirrtuch ausbreiten.

3 Eine große feuerfeste Auflaufform leicht einfetten. Ricotta, Parmesan, Eier, Kräuter und Muskat in einer Schüssel vermengen und mit Salz und Pfeffer abschmecken. Mischung in einen Spritzbeutel mit Lochtülle geben, Muschelnudeln damit füllen und in einer Schicht in der vorbereiteten Auflaufform verteilen.

4 Tomatensauce durch ein Sieb streichen. Reste wegwerfen. Sauce wieder zum Kochen bringen und, falls nötig, abschöpfen. 20 Minuten köcheln lassen, bis die Sauce eindickt. Über die gefüllten Nudeln geben und 30–40 Minuten backen, bis der Käse geschmolzen und gebräunt ist.

Tip Für das Bouquet garni ein Lorbeerblatt, einige Sellerieblätter und Petersilienzweige in das Grün einer Porreestange einwickeln und mit Garn zusammenbinden. An einem langen Faden in den Topf hängen.

Penne Piselli

Das italienische Wort für »Erbsen« verleiht diesem Gericht seinen Namen. Die Pasta wird mit Schinkenspeck und Erbsen in Sahnesauce serviert.

Zubereitungszeit: **15 Minuten**
Garzeit: **40 Minuten**
Für 4 Personen

**300 g Schinkenspeck, in ca. 1 cm große
    Würfel geschnitten**
2 EL Öl
1 große Zwiebel, feingehackt
500 ml Crème double
150 g Erbsen, frisch oder tiefgekühlt
etwas Salz
etwas Öl
500 g Penne (Rohrnudeln)
2 EL Parmesan, frisch gerieben
frische Parmesanspäne, zum Garnieren

1 Schinkenspeck in einem Topf mit kaltem Wasser bedecken. Zum Kochen bringen, abtropfen lassen und wieder in kaltes Wasser legen, dann erneut abtropfen lassen und trockentupfen. Öl in einer beschichteten Pfanne auf mittlerer Stufe erhitzen und den Schinkenspeck 3–4 Minuten anbräunen. Zwiebel zugeben und ca. 3–5 Minuten glasig dünsten. Überschüssiges Fett abtropfen lassen, Schinkenspeck und Zwiebel in einen Topf geben und Crème double zufügen. Zum Kochen bringen, Hitze reduzieren und 10 Minuten köcheln lassen.
2 Erbsen ca. 3–5 Minuten in Salzwasser weich kochen. Abtropfen und in Eiswasser abkühlen lassen. Wieder abtropfen lassen, in die heiße Crème-double-Mischung geben und 3–5 Minuten köcheln lassen.
3 Einen großen Topf mit Salzwasser zum Kochen bringen. Einen Schuß Öl hineingeben und die Penne gemäß den Angaben auf der Packung kochen. Gut abtropfen lassen.
4 Sauce und geriebenen Parmesan vermischen und mit

Römische Gnocchi

Die beliebten italienischen Gnocchi lassen sich aus Kartoffel- oder Kürbismehl oder auch aus Grieß zubereiten. Gnocchi werden oft als Vorspeise serviert, ergeben mit Salat aber auch eine leckere Hauptmahlzeit.

*Zubereitungszeit: **35 Minuten + 30 Minuten Kühlzeit***
*Back- und Garzeit: **2 Stunden 20 Minuten***
Für 4 Personen als Vorspeise

40 g Butter
60 g Schinkenspeck, gewürfelt
1 kleine Zwiebel, gehackt
1 kleine Karotte, gehackt
2 EL Tomatenmark
1 EL Mehl
500 g Tomaten, abgezogen, entkernt und gehackt
1 Bouquet garni
4 Knoblauchzehen, gehackt
500 ml Hühnerbrühe oder Wasser
Salz und Pfeffer, nach Geschmack

GNOCCHI
500 ml Milch
60 g Butter
30 g Mehl
150 g Hartweizengrieß
2 EL Crème double
1 Ei
2 Eigelb
4 EL Parmesan, frisch gerieben
Salz und Pfeffer, nach Geschmack
80 g Butter, zerlassen

1 Backofen auf 180 °C vorheizen. Butter in einem Topf zerlassen und Schinkenspeck auf mittlerer Stufe goldbraun braten. Zwiebel und Karotte zugeben und 3 Minuten köcheln lassen. Tomatenmark einrühren und weitere 2 Minuten köcheln lassen. Mit dem Mehl bestäuben, alles in eine Auflaufform geben und 5 Minuten backen. Herausnehmen und verrühren, bis das Mehl bindet. Tomaten, Bouquet garni und Knoblauch zufügen, zurück in den Topf geben und 5 Minuten unter Rühren kochen lassen. Brühe einrühren und 2 Minuten köcheln lassen. Abgedeckt 1 Stunde backen. In einen Topf abgießen und die festen Zutaten wegwerfen. Sauce aufkochen lassen und abschöpfen. Hitze reduzieren und 20 Minuten köcheln lassen. Mit Salz und Pfeffer abschmecken.

2 Für die Gnocchi Milch und Butter in einem großen Topf zum Kochen bringen, Mehl und Grieß zugeben und auf unterer Stufe verrühren, bis alles gut bindet. Weitere 5 Minuten verrühren, vom Herd nehmen, Crème double, Ei, Eigelbe und die Hälfte des Parmesan zugeben und glattrühren. Nach Geschmack mit Salz und Pfeffer nachwürzen und ca. 1 cm dick auf einem mit Backpapier ausgelegten Backblech verstreichen. 30 Minuten abkühlen lassen und mit einem angefeuchteten scharfen Messer Kreise (Ø ca. 4 cm) ausschneiden. In eine Auflaufform füllen. Mit zerlassener Butter beträufeln und mit dem restlichen Parmesan bestreuen. 20 Minuten goldbraun backen und mit Tomatensauce servieren.

Safran-Nudeln mit Spinat und Ricotta

Die leuchtendgelbe Safranpasta ist ebenso rasch wie einfach zubereitet.
Mit der Spinat-Ricotta-Sauce eine besondere Köstlichkeit für Vegetarier.

Zubereitungszeit: **50 Minuten + 15 Minuten Einweichzeit**
Garzeit: **10 Minuten**
Für 4 Personen

PASTA
1 Messerspitze Safranfäden
3 TL heißes Wasser
300 g Mehl
1 TL Salz
2 TL Olivenöl
3 Eier, leicht verquirlt

125 ml Sahne
100 g Ricotta oder Frischkäse
75 g Butter
2 Knoblauchzehen, feingehackt
300 g Tiefkühlspinat, aufgetaut,
  abgetropft und feingehackt
etwas Salz und frisch gemahlener schwarzer Pfeffer
1 Prise Muskat, frisch gerieben
etwas Öl
Parmesan, frisch gerieben, zum Servieren

1 Für die Pasta den Safran 15 Minuten in dem heißen Wasser einweichen lassen. Dann den Anweisungen auf S. 62 folgen, dabei die Safranfäden und die Einweichflüssigkeit mit den Eiern zugeben. Nudelteig in vier Portionen mit der Nudelmaschine (feinste Einstellung) ausrollen. Mit der Maschine ca. 6 mm breite Bandnudeln (Tagliatelle) herstellen (s. S. 63).

2 Sahne und Ricotta oder Frischkäse im Mixer oder in der Küchenmaschine verrühren. Butter in einer Pfanne auf mittlerer Stufe mit dem Knoblauch zerlassen. Gehackten Spinat zugeben und 2–3 Minuten sautieren. Vom Herd nehmen, leicht abkühlen lassen und Ricotta-Sahne-Mischung einrühren. Mit Salz, frisch gemahlenem schwarzem Pfeffer und gemahlenem Muskat abschmecken.

3 Einen großen Topf mit Salzwasser zum Kochen bringen. Einen Schuß Öl hineingeben und die Tagliatelle darin 2–3 Minuten *al dente* kochen. Gut abtropfen lassen.

4 Pasta wieder in den Topf geben, mit Spinat-Ricotta-Sauce vermengen und kurz erhitzen. Auf vier vorgewärmten Tellern mit einer Schüssel geriebenem Parmesan servieren.

Tomaten-Nudeln mit Fenchel und Paprika

Eine verführerische Mischung mediterraner Aromen mit einem erfrischenden Schuß Zitrone.
Diese Sauce können statt mit selbstgemachten auch mit Fertig-Tagliatelle servieren.

*Zubereitungszeit: **1 Stunde***
*Back- und Garzeit: **1 Stunde 10 Minuten***
Für 4 Personen

PASTA
300 g Mehl
1 TL Salz
1¹/₂ EL Olivenöl
20 g sonnengetrocknete Tomaten oder Tomatenmark
3 Eier, leicht verquirlt

450 g Fenchelknollen
1 EL Olivenöl
1 rote Paprika
2 EL Olivenöl, zusätzlich
2 Knoblauchzehen, zerdrückt
1 kleine Dose (400g) italienische Tomaten, zerkleinert
abgeriebene Schale von 1 Zitrone
1 Zweig frischer Thymian
Salz und Pfeffer, nach Geschmack
etwas Öl

1 Pasta nach den Anweisungen auf S. 62 zubereiten. Tomatenmark und Eier zufügen. Nudelteig in vier Portionen mit der Nudelmaschine (feinste Einstellung) ausrollen. Mit der Maschine ca. 6 mm breite Tagliatelle herstellen (s. S. 63). Backofen auf 200 °C vorheizen.

2 Grünen Teil des Fenchels entfernen. Knollen längs halbieren, dann in ca. 2 cm lange Stücke schneiden. In einem Topf mit kochendem Wasser ca. 8–10 Minuten köcheln lassen. Abtropfen lassen, auf der Hälfte eines eingefetteten Backblechs verteilen und mit Olivenöl beträufeln. Paprika halbieren, Kerne und das Weiße entfernen. Mit Öl bepinseln und mit der Schnittseite nach unten auf die andere Hälfte des Backblechs legen. 15 Minuten backen, bis der Fenchel goldbraun ist, dabei einmal wenden. Fenchel vom Blech nehmen. Backofentemperatur auf 220 °C erhöhen und Paprika weitere 10 Minuten backen, bis die Oberseite schwarz ist und Blasen wirft. In einem Gefrierbeutel abkühlen lassen.

3 2 EL Olivenöl in einem kleinen Topf auf mittlerer Stufe erhitzen, Knoblauch zugeben und darin anbräunen. Tomaten, Zitronenschale und Thymian zufügen und 20–25 Minuten köcheln lassen, bis die Mischung eindickt. Thymian herausnehmen und mit Salz und Pfeffer nachwürzen.

4 Fenchel kleinschneiden. Paprika abziehen und in feine Streifen schneiden. Zur Tomatenmischung geben und mit Salz und Pfeffer abschmecken.

5 Einen großen Topf mit Salzwasser zum Kochen bringen. Einen Schuß Öl hineingeben und die Tagliatelle 2–3 Minuten *al dente* kochen. Gut abtropfen lassen, mit der Sauce vermengen und servieren.

Gemüse-Lasagne

Versuchen Sie einmal als Alternative diese vegetarische Lasagne mit knusprigem Gemüse,
Käsesauce und einem Hauch Muskat.

Zubereitungszeit: 1 Stunde + 30 Minuten Ruhezeit
Back- und Garzeit: 1 Stunde 30 Minuten
Für 6 Personen

PASTA
300 g Mehl
1 TL Salz
1 1/2 EL Olivenöl
3 Eier, leicht verquirlt
etwas Öl

KÄSESAUCE
25 g Butter
25 g Mehl
500 ml Milch
Salz und Pfeffer, nach Geschmack
1/4 TL Muskat, gemahlen
75 ml Sahne
100 g Gruyère, gerieben

TOMATENSAUCE
25 g Butter
1 kleine Zwiebel, in Scheiben geschnitten
4 reife Tomaten, abgezogen, entkernt und gehackt
1 frischer Thymianzweig
1 Lorbeerblatt
Salz und Pfeffer, nach Geschmack
200 g Karotten, gewürfelt
250 g kleine Brokkoli-Röschen
1/2 Blumenkohl, in Röschen geschnitten
80 g Gruyère, gerieben

1 Die Pasta nach den Anweisungen auf S. 62 zubereiten. Nudelteig in vier Portionen mit der Nudelmaschine 1–2 mm dick ausrollen. Mit einem scharfen Messer in ca. 8 x 15 mm große Stücke schneiden.

2 Einen großen Topf mit Salzwasser zum Kochen bringen. Einen Schuß Öl hineingeben und die Lasagne portionsweise 2–3 Minuten *al dente* kochen. Pasta in eine Schüssel mit kaltem Wasser legen, gut abtropfen lassen und zwischen sauberen Geschirrtüchern übereinander schichten.

3 Für die Käsesauce die Butter in der Pfanne zerlassen, Mehl mit einem Holzlöffel unterrühren und unter ständigem Rühren 3 Minuten kochen lassen. Vom Herd nehmen und langsam die kalte Milch einrühren. Mit Salz und Pfeffer abschmecken und Muskat zugeben. Unter ständigem Rühren langsam wieder zum Kochen bringen. Hitze herunterschalten und unter Rühren ca. 7 Minuten eindicken lassen. Sahne und Käse einrühren. Vom Herd nehmen und die Oberfläche mit eingefettetem Pergamentpapier abdecken.

4 Für die Tomatensauce Butter in einer Pfanne erhitzen und die Zwiebel darin kurz andünsten. Tomaten, Thymian und Lorbeerblatt zufügen. 15 Minuten köcheln lassen. Lorbeerblatt und Thymian wegwerfen und mit Salz und Pfeffer abschmecken.

5 Einen großen Topf mit Salzwasser zum Kochen bringen. Karotten zugeben, Hitze herunterschalten und 4 Minuten köcheln lassen. Brokkoli und Blumenkohl hineingeben und weitere 3 Minuten köcheln lassen. Gemüse abtropfen und in kaltem Wasser abkühlen lassen. Abtropfen lassen und beiseite stellen.

6 Backofen auf 190 °C vorheizen. Käse- und Tomatensauce mischen und 15 Minuten auf unterer Stufe köcheln lassen. Gemüse zur Sauce geben und mit Salz und Pfeffer abschmecken. Eine feuerfeste Auflaufform (Fassungsvermögen 2–2 1/2 Liter) einfetten und Pasta und Gemüse in abwechselnden Schichten hineingeben, dabei mit einer Pastaschicht abschließen Käse darüber streuen und 35 Minuten backen.

Karottennudeln mit Paprika, Zuckererbsen und Parmesan

Die Kombination aus Nudeln in einer leichten Karottensauce mit Gemüse, schwarzen Oliven und ein wenig Parmesan ergibt ein köstliches, etwas ausgefalleneres Pastagericht.

Zubereitungszeit: 1 Stunde
Back- und Garzeit: 30 Minuten
Für 4 Personen

KAROTTENNUDELN
400 g Karotten, in Scheiben geschnitten
200 ml Wasser
250 g Mehl
1 TL Salz
3 TL Olivenöl
4 Eigelb, leicht verquirlt

etwas Öl
1 große rote Paprika
120 g Zuckererbsen
100 g gekühlte Butter, gewürfelt
1 große Prise Muskat, gemahlen
Salz und Pfeffer, nach Geschmack
1¹/₂ EL Basilikumblätter, zerkleinert
30 g schwarze Oliven, entkernt und halbiert
100 g Parmesan, frisch gerieben

1 Karotten mit dem Wasser in der Küchenmaschine oder im Mixer zu Saft verrühren. Ein Viertel des Saftes in einen Topf geben und auf mittlerer Stufe 10 Minuten köcheln lassen. Vom Herd nehmen und abkühlen lassen.

2 Die Pasta nach den Anweisungen auf S. 62 zubereiten, dabei das Karottenpüree mit den Eiern zugeben. Nudelteig in vier Portionen mit der Nudelmaschine (feinste Einstellung) ausrollen. Anschließend mit der Maschine ca. 6 mm breite Bandnudeln (Tagliatelle) herstellen (s. S. 63).

3 Backofen auf 200 °C vorheizen. Paprika leicht einölen und im Backofen grillen, bis die Haut schwarz ist und Blasen wirft. In einem Gefrierbeutel abkühlen lassen. Paprika abziehen, halbieren, entkernen und in 5 mm breite Streifen schneiden. Beiseite stellen und warm halten.

4 Einen großen Topf mit Salzwasser zum Kochen bringen. Einen Schuß Öl hineingeben und die Nudeln 2–3 Minuten *al dente* kochen. Gut abtropfen lassen, kalt abspülen und erneut abtropfen lassen. Einen Topf ca. 5 mm hoch mit Öl füllen und die Nudeln kurz darin wenden. Herausnehmen und abgedeckt beiseite stellen.

5 Zuckererbsen in einen großen Topf mit Salzwasser geben, abtropfen lassen und warm halten. Beiseite gestellten Karottensaft zum Kochen bringen. Hitze herunterschalten, Butter einrühren, bis eine dicke Sauce entsteht und mit Muskat, Salz und Pfeffer abschmecken. Nudeln wieder in den Topf geben, erneut erhitzen, dann Zuckererbsen, Paprika, Basilikum, Oliven und die Hälfte des Parmesan zufügen. Mit dem restlichen Parmesan bestreut servieren.

Spaghetti »Diavolo«

Den Zusatz »Diavolo« erhalten italienische Gerichte mit einer »teuflischen« Würze aus Chilischoten und Knoblauch. Hier ein ebenso scharfes wie gutes und einfaches Beispiel.

*Zubereitungszeit: **15 Minuten***
*Garzeit: **15 Minuten***
Für 4 Personen

etwas Öl
500 g Spaghetti
250 ml Olivenöl
2 Knoblauchknollen, geschält und
**   in Scheiben geschnitten**
¹/₂–1 TL Chilipulver (je nach Geschmack auch weniger)
Salz und Pfeffer, nach Geschmack
frische glattblättrige Petersilie, gehackt, zum Garnieren
frisch gemahlener Parmesan, zum Garnieren

1 Einen großen Topf mit Salzwasser zum Kochen bringen. Einen Schuß Öl hineingeben und die Spaghetti gemäß den Angaben auf der Packung kochen.
2 Inzwischen das Öl auf mittlerer Stufe erhitzen. Knoblauch und Chilipulver zufügen und 10–15 Minuten köcheln lassen, bis der Knoblauch leicht gebräunt ist. Spaghetti abtropfen lassen und mit der heißen Sauce vermengen. Mit Salz und Pfeffer abschmecken.
3 Mit gehackter Petersilie und mit frisch geriebenem Parmesan bestreut servieren.

Tip Chilipulver mit Vorsicht verwenden. Wer scharfe Gerichte nicht gut verträgt, sollte sehr sparsam damit umgehen.

Linguine in Gorgonzola-Sauce

Statt des Gorgonzola läßt sich hier auch beliebig eine andere milde Blauschimmelkäsesorte verwenden.

*Zubereitungszeit: **10 Minuten***
*Garzeit: **15 Minuten***
Für 4–6 Personen

etwas Salz
etwas Öl
500 g Linguine (lange Bandnudeln)
300 ml Crème double, zimmerwarm
300 g Gorgonzola oder eine ähnliche
Blauschimmelkäsesorte, gewürfelt

1 Einen großen Topf mit Salzwasser zum Kochen bringen. Einen Schuß Öl hineingeben und die Linguine gemäß den Angaben auf der Packung kochen.
2 Inzwischen Crème double in einem Topf zum Kochen bringen. Vom Herd nehmen und Käse einrühren, bis die Sauce eindickt. Durch ein feines Sieb streichen.
3 Linguine abtropfen lassen und mit der heißen Sauce vermengen. Heiß servieren.

Spaghetti »Diavola« (oben) und Linguine in Gorgonzola-Sauce

Makkaroni Amatriciana

Statt der Makkaroni können auch andere dünne Röhrennudeln wie Ziti oder Penne verwendet werden.

Zubereitungszeit: **15 Minuten**
Garzeit: **50 Minuten**
Für 4 Personen

2 EL Olivenöl
400 g Pancetta oder anderer Schinken,
   in 5 mm dicke Stücke geschnitten
1 Zwiebel, in dünne Ringe geschnitten
2–3 Chilischoten, feingeschnitten oder
   ¹/₂ TL Chilipulver
2 Dosen (à 425 g) passierte Tomaten oder
   1³/₄ kg frische Tomaten, abgezogen und gehackt
etwas Salz
etwas Öl
500 g Makkaroni, Ziti oder Penne
frisch geriebener Parmesan, zum Garnieren

1   Die Hälfte des Öls in einem Topf erhitzen und den Schinken darin 5 Minuten bräunen. Auf Küchenpapier abtropfen lassen und beiseite stellen. Zwiebel zugeben und 3 Minuten dünsten. Dann Chili zufügen und weitere 2 Minuten dünsten. Schinken und Tomaten dazugeben und abgedeckt auf mittlerer Stufe ca. 20 Minuten köcheln lassen. Deckel abnehmen und weitere 15–20 Minuten köcheln lassen, bis die Masse eindickt.
2   Einen großen Topf mit Salzwasser zum Kochen bringen. Einen Schuß Öl hineingeben und die Makkaroni gemäß den Angaben auf der Packung kochen.
3   Makkaroni abtropfen lassen und mit der Sauce und frisch geriebenem Parmesan servieren.

Tip Wie scharf das Gericht wird, hängt allein von der Menge der Chilischoten ab. Denken Sie daran, daß die Kerne und Häute die meiste Schärfe abgeben. Tragen Sie beim Schneiden der Chilischoten möglichst Gummihandschuhe und lassen Sie die Hände nicht mit dem Gesicht in Berührung kommen.

Ravioli in Rosmarin-Knoblauch-Creme

Die feine Knoblauchsauce ergänzt die locker-leichte Gemüsefüllung
dieser hausgemachten Ravioli perfekt.

*Zubereitungszeit: **1 Stunde 10 Minuten***
*Garzeit: **1 Stunde 30 Minuten***
Für 4 Personen

PASTA
200 g Mehl
1 Prise Salz
1 EL Olivenöl
2 Eier, leicht verquirlt

GEMÜSEFÜLLUNG
20 g Butter
1 Schalotte, feingehackt
100 g Champignons, feingehackt
Saft von 1/4 Zitrone
1/4 TL Salz
1/2 Karotte, feingewürfelt
1 kleine Zucchini, Mitte ausgeschabt und feingewürfelt
2 EL Crème double
Salz und Pfeffer zusätzlich, nach Geschmack

SAUCE
500 ml Hühnerbrühe
8 Knoblauchzehen, geschält
1 frischer Rosmarinzweig, in 3 cm große Stücke
  geschnitten
500 ml Crème double
Salz und Pfeffer, nach Geschmack

1 Ei, leicht verquirlt
etwas Öl
frisch geriebener Parmesan, zum Servieren

1 Die Pasta nach den Anweisungen auf S. 62 zubereiten. Nudelteig in zwei Portionen mit der Nudelmaschine (feinste Einstellung) zu zwei langen Streifen ausrollen.

2 Für die Gemüsefüllung Butter auf mittlerer Stufe in einem Topf zerlassen und die Schalotte darin 3 Minuten dünsten. Champignons mit Zitronensaft mischen und mit dem Salz in den Topf geben. Ca. 10 Minuten unter ständigem Rühren kochen lassen, bis die Champignons trocken sind.

3 Karotte 2 Minuten in kochendem Wasser weich kochen. In kaltem Wasser abkühlen und abtropfen lassen. Mit Küchenpapier trockentupfen. Zucchini 1 Minute in Salzwasser kochen lassen. Gekochtes Gemüse zur Champignonmischung geben. Topf wieder auf den Herd stellen und Crème double zugeben. Auf unterer Stufe 5–7 Minuten köcheln lassen. Nach Geschmack mit Salz und Pfeffer würzen und ganz auskühlen lassen.

4 Für die Sauce die Hühnerbrühe mit dem Knoblauch auf höchster Stufe ca. 20 Minuten kochen lassen, bis sie dickflüssig und auf einige EL reduziert ist. Vom Herd nehmen, Rosmarin zugeben und die Sauce in den Mixer geben. Glattrühren. In einen kleinen Topf abgießen und Crème double zugeben. Zum Sieden bringen und 35–40 Minuten kochen lassen, bis die Sauce eindickt. Nach Geschmack mit Salz und Pfeffer würzen und warm halten.

5 Auf einem Teigstreifen mit einem Keksförmchen – nicht allzu dicht beieinander – 4 cm große Kreise markieren. Ein wenig Füllung in die Mitte jedes Kreises geben, und auf dem Rand etwas verquirltes Ei verstreichen. Den anderen Teigstreifen darauf legen und um jede Füllung herum fest andrücken. Ravioli mit einem Teigrädchen ausschneiden und in einer Lage zwischen Backpapierbögen bis zur weiteren Verwendung kalt stellen (s. S. 63).

6 Einen großen Topf mit Salzwasser zum Kochen bringen. Einen Schuß Öl hineingeben und die Ravioli 2–3 Minuten *al dente* kochen. Abtropfen lassen und mit Sauce und Parmesan servieren.

Pariser Gnocchi

Gnocchi sind kleine italienische Klößchen, die traditionell aus Kartoffeln, Mehl oder Grieß zubereitet werden. In diesem Rezept wird ein Brandteig verwendet, der herrlich leichte Gnocchi ergibt.

*Zubereitungszeit: **30 Minuten***
*Back- und Garzeit: **40 Minuten***
Für 4 Personen als erster Gang

GNOCCHI
1 Prise Muskat, gemahlen
30 g Butter
Salz und Pfeffer, nach Geschmack
125 ml Wasser
65 g Mehl
2 Eier, verquirlt
15 g Gruyère, gerieben

BECHAMELSAUCE
15 g Butter
2 EL Mehl
250 ml Milch
100 g Schinken, feingehackt
50 g Gruyère, gerieben
**Salz und schwarzer Pfeffer,
   nach Geschmack**

1 Für die Gnocchi Muskat, Butter, etwas Salz, Pfeffer und das Wasser in einen Topf geben und zum Kochen bringen. Mehl einrühren, bis ein fester Teig entsteht. In einer Schüssel abkühlen lassen und Eier einzeln zufü-gen, dabei nach jeder Zugabe gut verrühren. Käse unter-rühren und beiseite stellen.

2 Für die Béchamelsauce Butter in einem Topf bei mittlerer Hitze zerlassen und Mehl zugeben. Rühren, bis eine glatte Masse entsteht, dann 3 Minuten kochen lassen. Vom Herd nehmen und abkühlen lassen. Milch in einem anderen Topf zum Kochen bringen und die abgekühlte Mischung zugeben. Unter ständigem Rühren vorsichtig zum Kochen bringen. Vom Herd neh-men, Schinken und Käse zugeben und mit Salz und schwarzem Pfeffer abschmecken.

3 Backofen auf 160 °C vorheizen. Einen Topf mit Salz-wasser zum Kochen bringen und eine große Schüssel mit kaltem Wasser füllen. Gnocchiteig in einen Spritz-beutel mit Lochtülle füllen und ins kochende Wasser drücken. Mit einem Messer in 2,5 cm lange Stücke schneiden. Wenn die Gnocchi zur Oberfläche aufstei-gen, 30 Sekunden aufkochen lassen und wieder heraus-nehmen. Ins kalte Wasser legen und auf einem Tuch abtropfen lassen.

4 Eine feuerfeste Auflaufform einfetten und mit Salz und frisch gemahlenem schwarzem Pfeffer ausstreuen. Ca. ein Viertel der Béchamelsauce hineingießen. Gnocchi schichtweise darüber geben; etwas Sauce über jede Schicht gießen. 10 Minuten backen, dann auf 200 °C heraufschalten und Gnocchi goldbraun backen.

Kräuter-Tagliatelle mit Champignons und Olivenöl

Hier werden für dieses Rezept Kräuter-Tagliatelle zubereitet. Sollte es Ihnen aber einmal an der nötigen Zeit fehlen, können Sie auch fertige Spinat-Tagliatelle aus dem Feinkostgeschäft verwenden.

*Zubereitungszeit: **30 Minuten***
*Garzeit: **15 Minuten***
Für 6 Personen

KRÄUTER-TAGLIATELLE
300 g Mehl
1 TL Salz
3 EL Olivenöl
3 Eier, leicht verquirlt
2 EL frische Kräuter (z. B. Estragon, Petersilie oder
  Basilikumblätter), feingehackt

20 g Butter
3 Schalotten, gehackt
400 g Champignons oder eine Mischung aus Wild-
  pilzen und Champignons, in Scheiben geschnitten
1 EL Sherry oder Marsala
Salz und Pfeffer, nach Geschmack
100 ml Olivenöl und etwas Öl, zusätzlich
5 große Tomaten, abgezogen, entkernt und gehackt
30 g gemischte frische Kräuter, gehackt
Salz und frisch gemahlener schwarzer Pfeffer,
  nach Geschmack
2 EL zerkleinerte Basilikumblätter oder gehackter
  Oregano, zum Garnieren
Parmesan, gehobelt, zum Garnieren

1 Die Pasta nach den Anweisungen auf S. 62 zubereiten, dabei die gehackten Kräuter mit den Eiern zugeben. Nudelteig in vier Portionen mit der Nudelmaschine (feinste Einstellung) ausrollen. Anschließend mit der Maschine ca. 6 mm breite Bandnudeln (Tagliatelle) herstellen (s. S. 63).

2 Butter in einer Pfanne auf mittlerer Stufe erhitzen, Schalotten zugeben und kurz darin dünsten. Auf höchste Stufe schalten, Champignons hineingeben und bräunen. 2–3 Minuten weiter garen. Sherry oder Marsala zugießen und 30 Sekunden köcheln lassen. Mit Salz und Pfeffer abschmecken und beiseite stellen.

3 Einen großen Topf mit Salzwasser zum Kochen bringen. Einen Schuß Öl hineingeben und Tagliatelle 2–3 Minuten *al dente* kochen. Gut abtropfen lassen und beiseite stellen.

4 Olivenöl in einem großen Topf auf mittlerer Stufe erhitzen und Champignonmischung, Kräuter-Tagliatelle, Tomaten sowie gemischte Kräuter zugeben. Mischung gut erhitzen und großzügig mit Salz und frisch gemahlenem schwarzem Pfeffer würzen. Mit zerkleinertem Basilikum oder gehacktem Oregano bestreuen und sofort mit gehobeltem Parmesan garniert servieren.

Lasagne mit Meeresfrüchten

Die hausgemachte Pasta mit frischem Fisch, Meeresfrüchten, Sahnesauce und Mozzarella ist ein echtes Geschmackserlebnis. Sie können auch vorgefertigte Lasagneblätter verwenden.

*Zubereitungszeit: **1 Stunde 35 Minuten***
*Back- und Garzeit: **1 Stunde 20 Minuten***
Für 12 Personen

PASTA
300 g Mehl
1 TL Salz
1¹/₂ EL Olivenöl
3 Eier, leicht verquirlt

etwas Salz
etwas Öl
4 Schalotten, feingehackt
350 ml Weißwein
2 frische Thymianzweige
1 Lorbeerblatt
1 kg frische Miesmuscheln, gründlich gesäubert
600 g Kammuscheln, ohne Darm
600 g Schellfisch, filetiert und gesäubert
600 g Garnelen, vorgekocht, geschält und trockengetupft
500 g Mozzarella, in dünne Scheiben geschnitten

SAUCE
60 g Butter
100 g Mehl
600 ml Sahne
Salz und Pfeffer, nach Geschmack
500 g Ricotta

1 Die Pasta nach den Anweisungen auf S. 62 zubereiten. Nudelteig in vier Portionen mit der Nudelmaschine 1 mm dick ausrollen. Mit einem scharfen Messer in ca. 10 x 12 cm große Rechtecke schneiden.

2 Einen Topf mit Salzwasser zum Kochen bringen. Etwas Öl hineingeben und die Lasagne portionsweise 1–2 Minuten *al dente* kochen. Kalt einweichen, abtropfen lassen und zwischen saubere Geschirrtücher schichten.

3 Schalotten, Wein, Thymian und Lorbeerblatt in einen Topf geben und zum Kochen bringen. Miesmuscheln zugeben und abgedeckt 5 Minuten köcheln lassen, bis die Muscheln sich öffnen. Mit einem Schöpflöffel herausnehmen. Schalen und alle Muscheln, die sich nicht geöffnet haben, wegwerfen. Auf Küchenpapier abtropfen lassen. Kammuscheln zufügen und 3 Minuten pochieren. Auf Küchenpapier abtropfen lassen. Kochflüssigkeit durch ein mit Preßtuch ausgelegtes Sieb seihen. Topf ausspülen und die Flüssigkeit wieder hineingießen. Zum Sieden bringen und Schellfisch hineingeben. 3–5 Minuten pochieren und auf Küchenpapier abtropfen lassen. 500 ml von der Kochflüssigkeit abnehmen, wieder in den Topf geben und 10 Minuten köcheln lassen. Abschöpfen. Zum Abkühlen beiseite stellen.

4 Für die Sauce die Butter in einem kleinen Topf zerlassen, Mehl zugeben und 2 Minuten anschwitzen. Vom Herd nehmen und Kochflüssigkeit langsam und unter ständigem Rühren zum Kochen bringen. Erneut unter Rühren zum Kochen bringen. 3 Minuten köcheln lassen. Sahne einrühren und 5 Minuten köcheln lassen. Nach Geschmack mit Salz und Pfeffer würzen.

5 Backofen auf 180 °C vorheizen. Meeresfrüchte und 2¹/₂ EL Sauce in einer Schüssel verrühren. Ricotta und 250 ml Sauce in einer anderen Schüssel vermischen.

6 Eine Auflaufform (ca. 35 x 25 cm) einfetten. Boden mit ein wenig Sauce bedecken. Zuerst eine Schicht Lasagne, dann ein Drittel der Meeresfrüchte-Mischung darüber geben. Ein Drittel der Ricotta-Mischung mit einem Löffel oder Spatel gleichmäßig über die Meeresfrüchte streichen, mit einer Schicht Mozzarella bedecken und ca. 125 ml Sauce darüber schöpfen. Mit Salz und Pfeffer bestreuen. Vorgang zweimal wiederholen, dabei etwas Sauce für die oberste Schicht aufbewahren. Lasagne mit einer Schicht Pasta und der aufbewahrten Sauce fertigstellen. Restlichen Mozzarella oben verteilen und ca. 25 Minuten backen. 5 Minuten abkühlen lassen.

Spaghetti Puttanesca

Die beliebte italienische Sauce wird aus einer pikanten Kombination aus Knoblauch, Tomaten, Kapern, Oliven und Sardellen zubereitet.

Zubereitungszeit: **35 Minuten**
Garzeit: **50 Minuten**
Für 4 Personen

3 EL Olivenöl
4 Knoblauchzehen, gehackt
800 g Tomaten, abgezogen, entkernt und gehackt
¼–½ TL Paprika, gemahlen
2 EL Kapern, abgetropft
125 g schwarze Oliven, entsteint
200 ml Hühnerbrühe oder Wasser
1 kleine Dose (à 40 g) Sardellenfilets, abgetropft und grobgehackt
2 EL frisches Basilikum, gehackt
2 EL frische Petersilie, gehackt
etwas Salz
etwas Öl
500 g Spaghetti

1 Öl auf unterer Stufe in einem mittelgroßen Topf erhitzen und Knoblauch darin 1 Minute dünsten. Tomaten, Paprikapulver, Kapern, Oliven und Brühe oder Wasser zugeben. Zum Kochen bringen und auf mittlerer Stufe abgedeckt 20 Minuten erhitzen. Deckel abnehmen und weitere 25 Minuten köcheln lassen. Wenn die Sauce fertig ist, Sardellen, Basilikum und Petersilie einrühren.

2 Einen großen Topf mit Salzwasser zum Kochen bringen. Einen Schuß Öl hineingeben und Spaghetti gemäß den Angaben auf der Packung kochen. Abtropfen lassen und mit der heißen Sauce sofort servieren.

Sizilianische Pasta

Thunfisch und Sardinen sind in Sizilien die verbreitetesten Fischsorten, daher der Name.

Zubereitungszeit: **30 Minuten**
Garzeit: **50 Minuten**
Für 6 Personen

125 ml Olivenöl
2 kleine Zwiebeln, feingehackt
700 g Tomaten, abgezogen, entkernt und gehackt
3 Knoblauchzehen, zerdrückt
1 Bouquet garni (s. Tip S. 35)
80 g schwarze Oliven, entkernt und gehackt
200 g Champignons, in Scheiben geschnitten
500 g frischer Thunfisch, in ca. 1 cm dicke Würfel geschnitten
Salz und Pfeffer, nach Geschmack
etwas Öl, zusätzlich
500 g Pappardelle (breite Bandnudeln)
2 EL frische Petersilie, gehackt
2 EL frisch geriebener Parmesan

1 Ein Drittel des Olivenöls in einer Pfanne erhitzen und die Zwiebeln darin dünsten. Tomaten, Knoblauch und Bouquet garni zugeben und 30–35 Minuten auf unterer Stufe köcheln lassen. Schwarze Oliven einrühren. Champignons in einem anderen Topf in einem Drittel des Olivenöls sautieren. Mit Salz und Pfeffer abschmecken und durch ein Sieb abtropfen lassen.

2 Restliches Öl auf höchster Stufe in einer Pfanne erhitzen, Thunfisch leicht salzen und pfeffern und anschließend im heißen Öl sautieren.

3 Einen großen Topf mit Salzwasser zum Kochen bringen. Einen Schuß Öl hineingeben und die Pappardelle gemäß den Angaben auf der Packung kochen. Abtropfen lassen und in eine große Schüssel geben. Tomatensauce, Thunfisch und Champignons zugeben und alles gut vermengen. Mit Petersilie und Parmesan bestreuen und sofort servieren.

Sizilianische Pasta (oben) und Spaghetti Puttanesca

Praktische Tips

◆

Pasta selbst zubereiten

Die für ein Pastateig-Rezept benötigte Menge an Mehl, Salz, Olivenöl und Eiern finden Sie in der entsprechenden Zutatenliste. Frische Pasta sollte am Tag der Zubereitung verzehrt werden.

Mehl, Salz, Olivenöl und Eier oder Eigelbe in der Küchenmaschine in kurzen Intervallen zu einer krümeligen Masse verarbeiten.

Mischung leicht zwischen Daumen und Zeigefinger verreiben. Wenn sie sich nicht ohne weiteres zu einem glatten Teig verbindet, noch mehrmals vermischen.

Pastateig auf einer leicht bemehlten Arbeitsfläche 2 Minuten zu einem glatten Teig verkneten. In Klarsichtfolie wickeln und 20 Minuten kalt stellen. Die Nudelmaschine an der Tischkante befestigen.

Pastateig wie im Rezept angegeben in Portionen aufteilen. Den gerade nicht benötigten Teig inzwischen abgedeckt halten. Zu einem flachen Rechteck formen und mit der Nudelmaschine (gröbste Einstellung) ausrollen.

Teigrechteck zweimal falten und noch einmal mit der gröbsten Einstellung ausrollen. Vorgang zehnmal wiederholen, dabei den Pastateig und die Maschine leicht bemehlt halten, damit der Teig nicht klebt.

Den Pastateig ohne erneutes Falten immer dünner ausrollen, bis die feinste Einstellung erreicht ist. Alles mit den restlichen Teigstücken wiederholen.

Pasta von Hand zubereiten

Die traditionelle Methode der Pastaherstellung ohne Nudelmaschine

Mehl und Salz auf eine Arbeitsfläche sieben. Mit der Hand in die Mitte eine Vertiefung drücken und Eier oder Eigelbe und Olivenöl zugeben.

Mit den Fingerspitzen das Mehl mit den flüssigen Zutaten vermengen.

Mit den Händen oder einem Schaber das Mehl in die Mitte schieben und so einen Teig herstellen. 10 Minuten zu einem glatten Teig verkneten. Wie im Rezept angegeben in Portionen aufteilen. In Klarsichtfolie wickeln.

Pasta von Hand ausrollen

Arbeiten Sie auf einer bemehlten Fläche, um den Teig möglichst dünn ausrollen zu können.

Teig mit einem Nudelholz dünn ausrollen, falten und erneut ausrollen. Das schmale Ende über das Nudelholz legen und leicht daran ziehen. Vorgang zehnmal wiederholen und den Teig zum Schluß so dünn ausrollen, wie im Rezept angegeben.

Ravioli selbst zubereiten

Die Ravioli können zwischen Backpapierbögen im Kühlschrank kaltgestellt oder tiefgekühlt werden.

Ein wenig Wasser um jede Füllung herum verstreichen.

Den zweiten Pastastreifen darüber legen und fest um die Füllungen herum andrücken. Ravioli mit einem Teigrädchen oder Keksförmchen ausschneiden.

Alternativ den Raviolischneider der Nudelmaschine einsetzen. Dazu zwei Nudelteigstreifen in die Maschine einlegen und in die Mulde zwei Häufchen Füllung setzen. Mit der Maschine zusammenpressen und ausschneiden.

Tagliatelle selbst herstellen

Die Tagliatelle sollten auf einem bemehlten Geschirrtuch ausgebreitet 1–2 Stunden trocknen.

Einen Nudelteigstreifen mit einer Nudelmaschine ausrollen und mit dem Tagliatelle-Schneider in Streifen schneiden. Oder Teigstreifen nach innen einrollen und in Schleifenform schneiden. Sofort kochen oder in einer Lage trocknen lassen.

Register

Original title: Le Cordon Bleu – Pasta
Managing Editor: Kay Halsey
Series Concept, Design and Art Direction: Juliet Cohen
Der Verlag und Le Cordon Bleu danken Carole Sweetnam für ihre Hilfe bei dieser Reihe ebenso wie den 32 Meisterköchen der Cordon Bleu Schulen, deren Kenntnisse und Erfahrungen dieses Buch möglich gemacht haben, besonders:
Cliche (MOF), Terrien, Boucheret, Duchêne (MOF), Guillut, Steneck, Paris; Males, Walsh, Hardy, London; Chantefort, Bertin, Jambert, Honda, Tokyo; Salembien, Boutin, Harris, Sydney; Lawes, Adelaide; Guiet, Denis, Ottawa.

© 1998 für die deutsche Ausgabe:
Könemann Verlagsgesellschaft mbH,
Bonner Str. 126, D-50968 Köln
Übersetzung aus dem Englischen: Susanne Lück,
Kölner Grafik Büro
Redaktion, Lektorat und Satz der deutschen Ausgabe:
Kölner Grafik Büro
Projektleitung: Sylvia Hecken
Druck und Bindung: Sing Cheong Printing Co., Ltd.
Printed in China
ISBN 3-8290-0587-3

10 9 8 7 6 5 4 3 2

WICHTIGE INFORMATIONEN

HINWEIS: Bei unseren Gerichten verwenden wir Eßlöffel mit der Füllmenge von 20 ml (= 4 Teelöffel). Wenn Sie 15-ml-Eßlöffel benutzen, fügen Sie bei Backpulver, Mehl, Gelatine und Soda bitte einen zusätzlichen Teelöffel hinzu. Bei den meisten anderen Zutaten ist der Unterschied belanglos.

WICHTIG: Um einer eventuellen Salmonellen-Erkrankung vorzubeugen, sollten Sie für alle Gerichte stets frische Eier verwenden.